Fiche **philosophe**

Par Natacha Cerf

Levinas

LePetitPhilosophe.fr

LEVINAS

PHILOSOPHE FRANÇAIS S'ÉTANT ESSENTIELLEMENT INTÉRESSÉ À L'ÉTHIQUE

- **Né en 1906 à Kaunas (Lituanie)**
- **Décédé en 1995 à Paris**
- **Quelques-unes de ses œuvres :**
  - *Totalité et Infini* (1961)
  - *Éthique et Infini* (1981)
  - *Difficile Liberté* (1984)

Emmanuel Levinas est un philosophe français du **XXᵉ siècle** d'origine lituanienne. Ses principales écoles sont **la philosophie juive, la phénoménologie de Husserl et l'existentialisme**. Quant à ses apports philosophiques les plus considérables, ils concernent l'éthique, c'est-à-cire la morale : penseur juif marqué par les atrocités de la Shoah, Levinas s'est principalement attaché à l'étude de concepts tels que l'autre/autrui, le visage et l'au-delà de l'être. L'originalité de ce philosophe est qu'il ne propose pas une théorie éthique au sens d'un code ou de prescriptions morales, mais procède à une détermination originaire du sujet : il défend l'idée que **le sujet est d'emblée éthique**.

Levinas est l'auteur d'une **œuvre impressionnante** qui compte une trentaine d'ouvrages, dont plusieurs sont restés inédits. Parmi ses œuvres les plus célèbres, citons sa thèse, *Totalité et Infini* (1961), et *Difficile Liberté* (1984).

BIOGRAPHIE

UNE VIE SOUS LE SCEAU DE LA PHILOSOPHIE ET DE LA GUERRE

Emmanuel Levinas est **né en 1906 en Lituanie**, à Kaunas, dans une communauté juive marquée par les traditions talmudiques. Par conséquent, enfant, il reçoit une **éducation religieuse**. En 1914, la Première Guerre mondiale pousse sa famille à **fuir en Ukraine** pour ne revenir en Lituanie qu'en 1920. C'est donc en Ukraine qu'il entre au lycée malgré la limitation discriminatoire imposant un nombre maximum de cinq admissions d'enfants juifs.

BON À SAVOIR

Kaunas, en Lituanie, est considérée comme la patrie de l'élite intellectuelle juive puisque y a vécu et enseigné Gaon de Vilna (1720-1797), le dernier grand talmudiste (relatif au Talmud, la loi orale, ou Torah orale, de la loi juive) de génie. Entre 1920 et 1939, la ville, l'une des plus grandes du pays, en était la capitale. Les juifs y étaient près de 40 000, soit environ un quart de la population totale. Kaunas était également réputée pour être un grand centre d'études juives. La ville comptait près de cent organisations communautaires, quarante synagogues, des écoles yiddish en nombre, quatre lycées enseignant en hébreu et un hôpital juif. La collectivité y vivait naturellement selon les préceptes de la tradition juive.

En **1923**, Levinas se rend en France pour y poursuivre des **études de philosophie** à l'École normale supérieure de Strasbourg. Il y rencontre de grands professeurs, mais surtout l'écrivain français **Maurice Blanchot** (1907-2003), avec lequel il noue une amitié profonde. À la lecture des Recherches logiques (1900-1901) du philosophe allemand **Edmund Husserl** (1859-1938), il est pris de l'envie de se rendre en Allemagne. Il y devient l'élève d'Husserl, puis de **Martin Heidegger** (1889-1976) : il découvre ainsi la phénoménologie et l'existentialisme.

BON À SAVOIR

La **phénoménologie** est un courant philosophique qui s'attache à l'observation et à la description des phénomènes, de leur apparition et de la manière dont ils se donnent à la conscience. Autrement dit, elle vise à comprendre les actes de la conscience lorsque celle-ci se porte sur les objets.

L'**existentialisme** est un courant philosophique et littéraire qui pose l'être humain comme l'artisan de son essence par ses actions et l'existence qu'il mène. L'existentialisme s'oppose ainsi aux thèses théologiques, philosophiques ou morales envisageant l'essence de l'homme comme prédéterminée.

En **1930**, après la réussite de **sa thèse sur la théorie de l'intuition dans la phénoménologie de Husserl**, il s'établit à **Paris** et se mêle à la vie intellectuelle de la capitale française. Il est l'un des premiers à introduire en France les pensées de Husserl et de Heidegger. Mais Levinas est **mobilisé en 1939, puis fait prisonnier** à Rennes d'où il est transporté vers un commando de travail près de Hanovre. Il y reste cinq années durant lesquelles il rédige l'essentiel de son œuvre *De l'existence à l'existant*, qu'il publie après la guerre. La quasi-totalité de sa famille demeurée en Lituanie est décimée par le nazisme. Bien que Juif, Levinas est quant à lui miraculeusement protégé par le statut de prisonnier de guerre dû à son uniforme. Toutefois, l'expérience de la guerre le marque profondément.

<u>BON À SAVOIR</u>

En juin 1940, l'occupation soviétique bouleverse la vie des juifs de Kaunas : interdictions, arrestations et fermeture des institutions et des organisations municipales juives se multiplient. En outre, le Front activiste lituanien, désireux de faire porter aux juifs la responsabilité de l'occupation soviétique, distribue des documents de propagande antisémite, ce qui a pour conséquence l'exil de centaines de juifs.

Les troupes soviétiques doivent fuir Kaunas à la suite de l'invasion de l'Union soviétique par les troupes allemandes en 1941. Les Lituaniens pro-allemands et anticommunistes s'en prennent aux juifs, massacrés par centaines. L'extermination systématique des juifs par les unités allemandes commence dans les forts de la ville. Six mois après le début de l'occupation de Kaunas, les Allemands et les collaborateurs lituaniens ont exterminé la moitié de la population juive de la ville. Les juifs survivants sont regroupés dans des ghettos surpeuplés et gardés de près. La plupart d'entre eux finissent par être déportés dans des camps.

En 1961, Levinas publie sa thèse, ***Totalité et Infini***, puis, de 1964 à 1976, entame une **carrière universitaire** (Université de Poitiers, Paris-Nanterre, la Sorbonne). Le philosophe reçoit en 1989 le prix Balzan pour la philosophie. Il décède en 1995.

UNE ŒUVRE CENTRÉE SUR L'ÉTHIQUE

L'internement de Levinas dans un *stalag* (camp de prisonniers dans lequel étaient enfermés les sous-officiers et les soldats des armées alliées) et l'extermination de sa famille par les nazis ont profondément marqué son travail philosophique. En effet, celui-ci est **fortement influencé par la tradition juive et par la condition des juifs.** Sa philosophie se centre sur **la question éthique et métaphysique d'autrui**, qu'il perçoit comme un infini impossible à totaliser. C'est selon lui un au-delà de l'être, comme l'est par exemple le Bien chez Platon (427-347 av. J.-C.) ; par conséquent, la pensée ne peut le contenir. Les recherches du philosophe s'étendent également à la philosophie de l'histoire et à la phénoménologie de l'amour.

Parmi ses écrits, nous pouvons citer :

- *Théorie de l'intuition dans la phénoménologie de Husserl* (1930) ;

- *Totalité et infini. Essai sur l'extériorité* (1961) ;
- *De l'évasion* (1962) ;
- *En découvrant l'existence avec Husserl et Heidegger* (1967) ;
- *Quatre lectures talmudiques* (1968) ;
- *Difficile Liberté* (1976) ;
- *Sur Maurice Blanchot* (1976) ;
- *Du Sacré au saint : cinq nouvelles lectures talmudiques* (1977) ;
- *De l'existence à l'existant* (1978) ;
- *Le Temps et l'Autre* (1980) ;
- *Éthique et Infini* (dialogues d'Emmanuel Levinas et Philippe Nemo) (1981) ;
- *Transcendance et Intelligibilité* (1984) ;
- *Autrement qu'être ou au-delà de l'essence* (1990) ;
- *De Dieu qui vient à l'idée* (1992) ;
- *Liberté et Commandement* (1994) ;
- *Altérité et Transcendance* (1995) ;
- *Dieu, la mort et le temps* (1995), etc.

CONTEXTE PHILOSOPHIQUE

Emmanuel Levinas s'inscrit dans le contexte philosophique du début du XXᵉ siècle et s'inspire de la phénoménologie dont l'influence sur l'ensemble de la philosophie de l'époque est majeure.

HUSSERL OU LES BASES DE LA PHÉNOMÉNOLOGIE

Philosophe, logicien et mathématicien allemand, Edmund Husserl est **le fondateur de la phénoménologie**. Son projet est d'élaborer un système méthodologique rendant possible l'accès à la vérité apodictique des choses, c'est-à-dire à la vérité universelle et nécessaire, en vue de faire de la philosophie une science rigoureuse.

Husserl cherche à élucider le rapport que notre conscience entretient avec le monde, mais sa philosophie dépasse la simple étude des actes ou des vécus de la conscience produits par l'individu. En effet, il se penche avant tout sur **les structures générales de la conscience en tant que telle**. Pour ce faire, Husserl recourt à la **méthode de la réduction** : il s'agit de **suspendre son jugement** (*épochè*), autrement dit de mettre entre parenthèses tous nos acquis, jugements, opinions et hypothèses, de manière à estomper l'objet perçu pour ne plus considérer que l'activité de la conscience, et ainsi percevoir son essence.

Cette méthode permet de découvrir **la certitude de notre conscience**, ce que Husserl nomme l'***ego cogito***. On trouve là une filiation avec la philosophie de Descartes (1596-1650) car la découverte de l'*ego cogito* résulte de l'évidence : il est impossible d'en douter. Cet *ego cogito* est par ailleurs le fondement absolu de sa philosophie. Mais Husserl radicalise le *cogito* cartésien en en faisant un sujet transcendantal, à savoir **un sujet pur qui ne relève plus de l'ordre empirique** et qui est un principe au fondement de toutes les expériences : il s'agit d'**une pure intentionnalité**. L'intentionnalité désigne l'acte par lequel la conscience se rapporte à l'objet qu'elle vise. **La conscience se définit dès lors comme un mouvement vers l'objet, comme une visée, et non pas une chose pensante**. Il s'agit là du point essentiel retenu de la philosophie de Husserl par Levinas.

Celui-ci est **habité par le même projet que Husserl** : s'extraire des connaissances naturelles pour revenir aux choses elles-mêmes, à la nature des vécus de la conscience, à l'essence de la conscience elle-même, et ce dans le but de faire sens pour l'existence humaine. Plus précisément, il est question, pour Levinas, de s'interroger sur la manière de faire sens au sortir du drame de la Shoah. Selon le philosophe, **c'est en comprenant la conscience de l'homme et ses mécanismes que l'on peut découvrir les causes des actes humains** ainsi que les conclusions qu'il faut en tirer sur la manière dont l'homme envisage et doit envisager autrui. Sa démarche d'analyse et de compréhension de la Shoah se fonde sur la méthode phénoménologique.

HEIDEGGER OU LA QUESTION DE L'ÊTRE

Philosophe allemand disciple de Husserl, Martin Heidegger est l'un des précurseurs de la philosophie postmoderne. À ses yeux, la question fondamentale est celle du sens de l'être : **qu'est-ce que l'être ?**

Selon Heidegger, **l'homme est un *Dasein*, un « être là », un « être au monde »**, c'est-à-dire un être en rapport avec le monde. Plus précisément :

- le *Dasein* se définit comme la capacité de se poser des questions existentielles. Ce caractère du *Dasein* engendre le souci, soit un rapport préoccupé de l'homme au monde ;
- puisqu'il est un « être au monde », le *Dasein* dispose d'une structure temporelle fondamentale qui en fait également un « être pour la mort ». Il s'agit d'un mode d'être qu'il doit assumer de la naissance jusqu'à la fin de la vie ;
- il doit faire face à l'appel de sa conscience qui lui rappelle qu'il n'est pas aussi authentique qu'il devrait l'être. Il s'agit du fondement de la morale ;
- le *Dasein* se caractérise aussi par sa résolution – il a la liberté de se définir comme une manière d'être – et par son historialité – soit sa manière de comprendre son rapport temporel au monde et de se comprendre dans le temps ;
- enfin, il est marqué par l'avenir, le présent – le présent du souci face au monde et la résolution de l'être face à ce souci – et le passé – qui lui apporte des souvenirs et constitue une réserve de sens qui l'habite constamment.

Heidegger conçoit **l'être** non plus uniquement comme une substance, c'est-à-dire comme ce qui subsiste par soi-même de manière indépendante, mais avant tout **comme un verbe : « être » ou « pouvoir être »**. En d'autres termes, le *Dasein* n'est pas considéré comme un être achevé, mais comme **un être à réaliser qui doit se comprendre et retrouver son authenticité**. En effet, selon Heidegger, le *Dasein* a tendance à subir une déchéance : il devient inauthentique dans le sens où il perd le souci, n'ayant pour seule préoccupation que le quotidien par lequel il se laisse absorber. Cette déchéance conduit l'homme à la perte du sens de l'être.

Le fait d'analyser le *Dasein* dans sa dimension temporelle a son importance puisque cela permet de mettre en avant le fait que l'homme a devant lui du vide à remplir, qu'il doit exercer sa liberté et sa créativité. Il s'agit là de la base de toute pensée existentialiste.

LEVINAS OU LA PRÉDOMINANCE DE L'AUTRE

Levinas considère les philosophies de Husserl et de Heidegger comme cruciales, mais il veut pour sa part **sortir de l'ontologie** (étude de l'être en tant qu'être) : il veut s'évader de la question de l'être car il considère les sciences de l'être comme des sciences du « je », or il aspire à **donner la priorité à l'éthique**.

Il considère que **la nature même de l'ontologie pousse à un oubli de l'autre**. Levinas critique en ce sens le *Dasein* de Heidegger qu'il considère comme une évacuation de la présence de l'autre : la subjectivité est maintenue en elle-même et pour elle-même, elle n'inclut pas autrui. Cette conception de l'être chez Heidegger est dangereuse selon Levinas. Elle dissimule la possibilité d'un monde inhumain où **l'autre n'est pas considéré alors qu'il doit être le fondement même de la morale** (citation 1). Heidegger nie l'existence éthique de l'homme en le concevant comme un « être-là » dont le projet est uniquement d'entrer en rapport avec le monde sans aucun devoir de préoccupation envers l'autre.

Cette indifférence vis-à-vis de l'autre gêne profondément Levinas qui y voit un fondement philosophique possible à la guerre, à la propriété, à l'exploitation, à la tyrannie politique et, dans le contexte du début du XXe siècle, à l'hitlérisme et à l'antisémitisme. Dans ces deux derniers cas, l'indifférence à l'égard de l'autre s'est muée en véritable haine d'autrui enracinée jusqu'au plus profond de l'être. Il faut pour y répondre **développer une éthique envisageant la non-indifférence des uns envers les autres**, dans une perspective interhumaine.

PENSÉE ET APPORT

LA « TOTALITÉ » *VERSUS* LE « TOUT AUTRE »

La « Totalité » ou la mort de l'autre

Entre 1946 et 1975, pendant la période des Trente Glorieuses, époque de forte croissance économique, la philosophie est essentiellement politique et le marxisme prévaut, tandis que le domaine de l'éthique, considéré comme lié à l'ordre bourgeois, est rejeté. C'est pourquoi Levinas est peu lu à cette époque.

> **BON À SAVOIR**
>
> Le **marxisme** désigne la philosophie de Karl Marx (1818-1883) et de Friedrich Engels (1820-1895). Il propose notamment une critique de la société bourgeoise et du capitalisme, et aboutit au matérialisme dialectique : il s'agit de la philosophie marxiste de l'histoire, selon laquelle toute société s'explique par l'évolution de sa structure économique.

Dans son essai *Totalité et Infini*, publié en 1961 et inspiré de la phénoménologie, **la « Totalité » désigne** :

- **la subordination de l'individu à la politique,**
- **et l'attention à l'histoire qu'on trouve dans le marxisme.**

Selon Levinas, **cela engendre la mort de l'autre** : toute la pensée occidentale (la politique, l'histoire, l'économie et toute autre science) ne cesse en effet de concevoir l'autre en fonction du même, de le ramener et de l'assimiler au « je ». Le processus de la connaissance en Occident consiste d'ailleurs de manière générale à ramener l'inconnu au connu, le différent au même : l'autre est alors toujours objectivé dans le même et l'altérité est dissolue par l'absorption de toutes les différences.

Réhabiliter le « Tout Autre »

Levinas cherche quant à lui à réhabiliter l'existence de ce qu'il appelle le « Tout Autre » ou « l'absolument Autre » : selon lui, l'autre qui se présente à nous dépasse toujours l'idée que nous nous en faisons (citation 2). Tout le savoir ou toute l'intuition du monde ne pourraient rien y changer puisque les relations intersubjectives ne découlent pas d'une connaissance rationnelle. La rencontre avec l'autre relève d'une proximité asymétrique et infranchissable : le moi ne peut absorber l'autre, le moi et l'autre ne peuvent se confondre. Le respect et la compréhension de ce clivage entre le moi et l'autre est à la base du comportement éthique.

L'AUTRE COMME INFINI

Ce que l'on voit d'emblée chez l'autre, c'est son visage. C'est ce qui est visible et ce à quoi on s'adresse. Mais s'il est visible, il est également expressif et, en ce sens, il ne se laisse pas enfermer dans une forme plastique : autrement dit, **il déborde sa forme par ses expressions**. Il est par là indescriptible et irréductible à toute perception qui voudrait l'absorber. L'autre n'est d'ailleurs authentiquement autre que s'il déborde ce qu'il est.

Or, puisqu'il est impossible à définir, **il ne peut être que le débordant, celui qui déborde, et donc l'infini**. Ainsi, par le biais du visible, de son visage, **il révèle un signe de l'invisible**. Par conséquent, il incarne l'articulation entre :

- le visible et l'invisible,
- le sensible et l'intelligible.

Si l'autre, plus précisément son visage, est l'infini, cela signifie que **rencontrer l'autre, c'est avoir une idée de l'infini**, à savoir avoir la pensée de ce qu'on ne peut pas penser, l'idée de ce dont on ne peut pas avoir l'idée ou encore le désir de ce qui ne pourra jamais être comblé. C'est pourquoi l'autre est irréductible : on ne peut le réduire à quelque chose. Et avoir une idée de l'infini revient à avoir une idée de Dieu, puisque Dieu, aussi nommé « le transcendant », est l'infini. Le visage d'autrui me donne donc **une idée de Dieu** (citation 3).

BON À SAVOIR

La **transcendance** désigne ce qui se situe au-delà du monde sensible, ce qui est d'une nature supérieure et radicalement différente de la nôtre.

L'AUTRE COMME TRACE DE LA TRANSCENDANCE

Levinas, réputé pour ses études talmudiques approfondies, cherche à montrer que le religieux peut contribuer à l'éthique. Cependant, il n'est ni le principe ni le fondement de la moralité : il en dessine seulement les chemins.

Le « il » pour signifier la transcendance

Le non visible du visage d'autrui, sa part d'irréductible et d'indescriptible, constitue une trace de l'invisible, **une trace de la transcendance**. Autrui apparait donc comme une autre vérité que celle des objets qui relèvent de la perception, il provient d'un au-delà. En ce sens, il est la trace de l'absent, de l'inconnaissable, d'une troisième personne, d'un « il ».

Ceci fait référence à Moïse qui, sur le mont Horeb, désirant connaitre le nom de son mystérieux interlocuteur, ne reçoit pour seule réponse qu'un verbe hébraïque signifiant « l'être de celui qui est » : Moïse n'a donc pour toute réponse que le « il ». Selon Levinas, **le pronom « il » est ce qui signifie le mieux la transcendance** de celui qu'on désigne communément du nom de Dieu (citation 4) et qui ne peut être reconnu que dans la trace de son passage, qu'on trouve notamment dans le visage d'autrui. Notons que cette trace, relevant d'un passage, est toujours un passé.

Cependant, si le visage d'autrui porte la trace du transcendant, il n'est pas pour autant absorbé par lui : **autrui ne devient pas Dieu**. Dieu y est perçu, mais autrui demeure indépendant de lui.

De la découverte de la transcendance à l'éthique

Parce qu'il porte la trace de Dieu, qu'il contient ce qui caractérise Dieu, qu'il nous rappelle Dieu en nous donnant une idée de l'infini, **le visage d'autrui nous appelle et nous donne la responsabilité de nous comporter de manière éthique** – c'est-à-dire d'abandonner tout projet d'assimilation du « tu » par le « je » puisque l'on peut dorénavant percevoir dans autrui le « Tout Autre ». Par extension, il s'agit d'adopter un comportement éthique en général. C'est pourquoi, selon Levinas, **le sujet est d'emblée éthique**.

Notons que **cette trace de la transcendance se définit comme la trace de ce qui n'apparait pas** : elle ne relève donc pas de la phénoménologie qui étudie les phénomènes tels qu'ils apparaissent à la conscience. Elle est d'une transcendance irréversible qui renvoie à l'infini. Elle est l'effet d'une cause absente, la présence de ce qui est passé, comme peuvent l'être les traces de pas dans le sable : il ne reste sur le visage d'autrui que les effets de Dieu, ce qu'il a laissé, et non pas Dieu lui-même, la cause elle-même. C'est donc présentement envers autrui que l'on doit se comporter de manière éthique et c'est autrui qui nous commande cette moralité, mais cela grâce au passage passé de Dieu, à présent absent du visage d'autrui, grâce aux propriétés divines que Dieu a laissées sur le visage d'autrui, essentiellement son caractère infini qui en fait un « Tout Autre » inassimilable. Ainsi, **Dieu contribue à l'éthique, mais n'en est pas un principe**.

LE DÉSIR DE L'AUTRE

Le caractère paradoxal du désir

Le concept de **désir** est également important chez Levinas, car **il pousse à une rencontre avec autrui**, autrement dit avec ce qui porte la trace du transcendant.

De manière paradoxale, le désir, chez Levinas, ne peut être satisfait que dans la mesure où il ne l'est pas : **le désir d'autrui tout comme le désir de Dieu n'est satisfait que quand il n'est pas comblé**, c'est-à-dire lorsqu'il ne se termine pas par un assouvissement. En effet, si tel était le cas, ce serait réduire autrui à un objet, le soumettre à notre pouvoir, à notre volonté de l'absorber, l'utiliser comme moyen.

L'exemple de la caresse érotique

Le désir sexuel est particulièrement exemplaire de cette conception du désir, puisqu'il **renait sans cesse, se perpétue et n'est jamais satisfait** : la jouissance sexuelle ne consiste pas à absorber l'autre. Autrement dit, la caresse érotique, si elle ressemble à un désir de possession (d'où l'expression « posséder sa femme »), ne se termine pas sur une absorption, mais sur la continuité de l'objet désiré : il existe toujours après la caresse érotique et est toujours désiré. Il n'y a ni suppression ni annulation ; au contraire le désir est démultiplié par la caresse et consiste à la rechercher sans cesse (<u>citation 5</u>).

Ainsi, **le désir**, tout comme le visage d'autrui, nous donne **une idée de l'infini** et constitue également **une rencontre avec autrui**, qui porte la trace de Dieu.

L'AUTRE COMME APPEL À LA RESPONSABILITÉ

Le visage, au sens où le philosophe l'entend, on l'aura compris, n'est pas le visage physique : il n'est pas réductible à un ensemble de qualités sensibles – ses particularités physiques doivent d'ailleurs être dépassées de manière à percevoir l'infini en lui –, il est **nu dans le sens de « sans qualité »**. Or **cette nudité le rend vulnérable** car potentiellement victime de toutes les violences : il s'offre entièrement et sans défense possible au monde et donc aux autres. C'est donc non seulement parce qu'il porte la trace de Dieu, mais également parce qu'il est nu, d'où sa fragilité, que le visage de l'autre **fait appel à notre responsabilité morale**. Plus précisément, face au visage d'autrui, nous avons honte de notre liberté, conçue comme meurtrière (citation 6). Sa fragilité nous prend en otage, elle nous rend incapable de nous détourner de lui sans nier la responsabilité que nous avons à son égard.

Le visage apparait au-dessus du corps : Levinas dit qu'il est « épiphanie », en référence au terme religieux qui signifie l'apparition de Dieu. Le visage d'autrui interpelle le moi et le remet en question en l'éloignant de son égoïsme, de la seule perception du même, l'obligeant à percevoir l'autre au-delà du moi. Cette relation éthique n'est possible que quand autrui déborde tout projet d'assimilation, quand il n'est pas enfermé dans la sphère du même, ce qui implique de refuser, entre autres, les stéréotypes raciaux.

L'AUTRE COMME FIGURE DE LA DÉFECTION DE L'ÊTRE

Sans le visage d'autrui, il n'y a pas d'éthique possible. En effet, **si la morale est en chacun de nous, elle ne vient pas de nous, elle vient du visage d'autrui, qui constitue la figure de la « défection de l'être »** ou la figure de l'abandon de la conception ontologique, comme l'explique le philosophe. En d'autres termes, notre tranquillité est rompue par l'intrusion de l'autre dans notre être.

Cette conception du visage va **à l'encontre de la conception occidentale traditionnelle** qui n'envisage l'autre que comme le même et donc comme l'être, l'objet de l'ontologie. Chez Levinas, l'autre ne se laisse pas penser comme être : nous ne sommes donc pas dans le domaine de l'ontologie. Selon le philosophe, l'ontologie est inhumaine en ce qu'elle tue l'autre pour l'assimiler au « je », au même : le « je » porte son intérêt uniquement sur lui-même, ce qui est inhumain. Au contraire, Levinas estime qu'**être humain consiste à adopter le comportement inverse : le désintérêt de soi, la défection de soi, l'abandon de soi au profit de l'autre.**

Le sujet n'est réellement humain que lorsqu'il est traversé par le visage de l'autre, lorsqu'il est capable d'envisager le radicalement autre. Ainsi, **il y a désubjectivisation du sujet par le visage d'autrui**. Le visage d'autrui est ce qui permet au sujet de sortir du même, de soi, pour devenir responsable. Le sujet responsable est ainsi désubjectivisé. L'éthique se tient dans un hors-lieu, dans un rapport entre le « je » et le « tu » où le « je » ne peut être substitué par un autre « je », où il n'y a plus de même (<u>citation 7</u>).

L'ÉTHIQUE COMME PHILOSOPHIE PREMIÈRE

Les systèmes philosophiques traditionnels déduisent les règles de la morale des définitions de la nature du sujet et du monde. C'est une moralité instable et relative à des valeurs culturelles ou sociales.

Chez Levinas, en tant que philosophie première, **la morale n'est plus un devoir-être, mais un « traumatisme premier »** né de la rencontre avec le visage d'autrui. Il n'y a donc, selon le philosophe, **rien qui précède l'éthique**. Cette éthique est par ailleurs sans liberté puisqu'elle dépossède le moi de sa souveraineté : l'homme n'est pas libre de répondre ou non à l'appel d'autrui, il y est obligé. C'est un quelque chose qui lui vient d'au-delà de lui-même et vis-à-vis duquel il ne peut résister. Car si l'homme pouvait choisir sa relation avec autrui, ce serait encore un mode d'appropriation. Mais **cette responsabilité forcée fait que le moi se sent irremplaçable** ; elle est sa suprême dignité de sujet et le rend inaliénable.

Levinas dénonce la mort de l'autre, conçu en fonction du même, dans la pensée occidentale. Il cherche alors à **réhabiliter l'existence du « Tout Autre »**, dans le sens où autrui dépasse toujours l'idée que nous nous en faisons et ne peut être absorbé par le moi.

Ce que l'on voit d'emblée chez l'autre, c'est son visage. Mais, par son expressivité, il déborde sa forme plastique, ce qui le rend indescriptible et irréductible. Par conséquent, il ne peut être que le débordant et donc l'infini. Ainsi, **autrui révèle un signe de l'invisible**.

Si le visage de l'autre, c'est l'infini, rencontrer l'autre, c'est avoir une idée de l'infini, donc de Dieu. Dès lors, **autrui contient la trace de Dieu**. Par conséquent, **son visage nous donne la responsabilité de nous comporter de manière éthique**.

Sans le visage d'autrui, il n'y a pas d'éthique possible, puisqu'elle émane du visage d'autrui. Celui-ci engendre la « défection de l'être », le désintérêt de soi, **l'abandon de soi au profit de l'autre**, et rend par là même responsable.

Levinas accorde par ailleurs une grande importance au concept de désir, car il pousse à rencontrer l'autre. Toutefois, le désir est paradoxal : **le désir d'autrui n'est satisfait que quand il n'est pas comblé**. Le désir sexuel, qui renait sans cesse, est particulièrement exemplaire de cette conception.

Votre avis nous intéresse !
Laissez un commentaire sur le site de votre librairie en ligne
et partagez vos coups de cœur sur les réseaux sociaux !

POUR ALLER PLUS LOIN

- LEVINAS (Emmanuel), *Difficile liberté*, Paris, Le Livre de Poche, 1984.
- LEVINAS (Emmanuel), *Éthique et Infini*, Paris, Librairie générale française, 1989.
- LEVINAS (Emmanuel), *Le Temps et l'Autre*, Paris, PUF, 1983.
- LEVINAS (Emmanuel), *Totalité et Infini*, Paris, Le Livre de Poche, 1971.
- HUSSERL (Edmund), *Méditations cartésiennes. Introduction à la phénoménologie*, traduction de Gabrielle Peiffer et d'Emmanuel Levinas, Paris, Vrin, 1947.
- MARION (Jean-Luc), *Figures de phénoménologie. Husserl, Heidegger, Levinas, Henry, Derrida*, Paris, Vrin, 2012.

TESTEZ VOS CONNAISSANCES !

ASSOCIEZ CHAQUE CITATION À L'EXPLICATION QUI LUI CORRESPOND.

Citation 1 : « L'Être l'ordonne [le Dasein]' bâtisseur et cultivateur, au sein d'un paysage familier, sur une terre maternelle. Anonyme, Neutre, il l'ordonne éthiquement indifférent et comme une liberté héroïque, étrangère à toute culpabilité à l'égard d'autrui. » (*Totalité et Infini*, Paris, Le Livre de Poche, 1971)

Citation 2 : « L'absolument Autre, c'est Autrui. » (*Totalité et Infini*, Paris, Le Livre de Poche, 1971, p. 9)

Citation 3 : « [Autrui] se situe dans une dimension de hauteur, de l'idéal, du divin. » (*Difficile Liberté*, Paris, Le Livre de Poche, 1984)

Citation 4 : « Dans certaines prières très anciennes, [...] le fidèle commence par dire à Dieu "tu" et finit la proposition commencée en disant "il", comme si, au cours de cette approche du "toi" survenait sa transcendance en "il". C'est ce que j'ai appelé, dans mes descriptions, l'"illéité" de l'Infini. » (*Totalité et Infini*, Paris, Le Livre de Poche, 1971)

Citation 5 : « La caresse consiste à ne se saisir de rien, à solliciter ce qui s'échappe sans cesse de sa forme [...] à solliciter ce qui se dérobe [...]. Elle cherche, elle fouille. Ce n'est pas une intentionnalité de dévoilement, mais de recherche : marche à l'invisible. (*Totalité et Infini*, Paris, Le Livre de

Poche, 1971, p. 288)

Citation 6 : « [Autrui] met en question le droit naïf de mes pouvoirs, ma glorieuse spontanéité de vivant. [...] La morale commence lorsque la liberté, au lieu de se justifier par elle-même, se sent arbitraire et violente. » (*Totalité et Infini*, Paris, Le Livre de Poche, 1971, p. 56)

Citation 7 : « Moi non interchangeable, je suis moi dans la seule mesure où je suis responsable. Je puis me substituer à tous, mais nul ne peut se substituer à moi. Telle est mon identité inaliénable de sujet. » (*Éthique et Infini*, Paris, Librairie générale française, 1989, p. 97-98)

Explication a : le sujet n'est réellement humain que lorsqu'il est capable d'envisager le radicalement autre. Ainsi, c'est l'autre qui lui donne la possibilité de sortir de lui-même pour devenir responsable. Le « je » responsable est alors désub-jectivisé, mais il ne peut être remplacé par un autre « je ».

Explication b : autrui nous donne une idée de l'infini, puisque nous ne pouvons pas le penser, et donc du divin.

Explication c : autrui dépasse toujours l'idée que nous nous en faisons : en ce sens, il demeure irréductible à notre connaissance.

Explication d : le Dasein nie l'exigence éthique envers autrui puisqu'il est essentiellement tourné vers son développe-ment et sa liberté.

Explication e : le désir pousse à rencontrer autrui, c'est-à-dire ce qui porte la trace du transcendant.

Explication f : la caresse érotique ne consiste pas à absorber l'autre et n'aboutit pas à la suppression ou à l'annulation du désir ; au contraire, elle consiste en la recherche continuelle de l'objet désiré.

Explication g : le « il » est le pronom qui signifie le mieux la transcendance.

Explication h : la morale n'est pas, chez Levinas, un de-voir-être : elle constitue un « traumatisme premier », né de la rencontre avec le visage d'autrui. Il n'y a donc rien qui précède l'éthique.

Explication i : la nudité du visage d'autrui le rend vulné-rable, ce qui nous rend honteux de notre liberté meurtrière, donc responsables vis-à-vis d'autrui.

Explication j : il ne reste sur le visage d'autrui que les effets de Dieu, ce qu'il a laissé, et non pas Dieu lui-même, la cause elle-même. Ainsi, Dieu contribue à l'éthique, mais il n'en est pas le principe.

Rendez-vous sur lepetitphilosophe.fr et découvrez :

Plus de 1200 analyses
Claires et synthétiques
Téléchargeables en 30 secondes
À imprimer chez soi

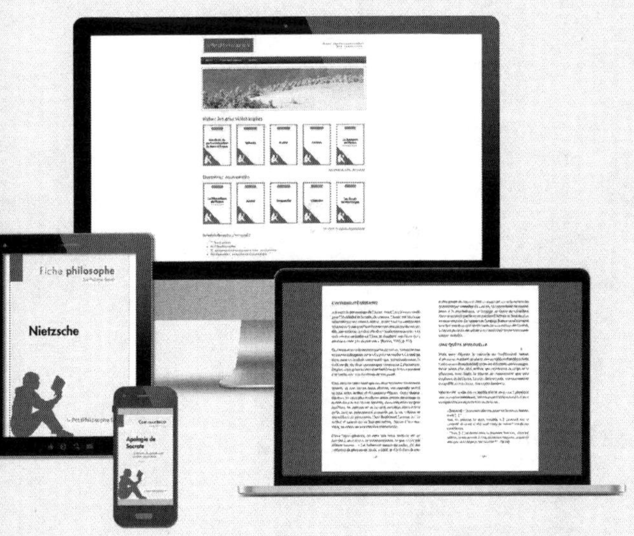

L'éditeur veille à la fiabilité des informations publiées, lesquelles ne pourraient toutefois engager sa responsabilité.

© **LePetitPhilosophe.fr, 2017. Tous droits réservés.**

www.lepetitphilosophe.fr

ISBN version numérique : 978-2-8062-4950-0
ISBN version papier : 978-2-8080-0144-1
Dépôt légal : D/2017/12603/528

Conception numérique : Primento,
le partenaire numérique des éditeurs.

Made in the USA
Monee, IL
07 July 2026

56545283R00017